La sal de la locura

MUSEO SALVAJE

Colección de poesía

———————————————————

Poetry Collection

WILD MUSEUM

Fredy Yezzed

LA SAL DE LA LOCURA

La caligrafía del delirio

Epílogo por Jorge Boccanera

Nueva York Poetry Press®

Nueva York Poetry Press LLC
128 Madison Avenue, Oficina 2RS
New York, NY 10016, USA
Teléfono: +1(929)354-7778
nuevayork.poetrypress@gmail.com
www.nuevayorkpoetrypress.com

La sal de la locura
© 2018 Fredy Yezzed

© Epílogo: Jorge Boccanera
© Contratapa: Javier Adúriz
María del Carmen Colombo
Jorge Boccanera

ISBN-13: 978-1-7320736-3-0
ISBN-10: 1732073635

© Colección *Museo Salvaje vol. 2*
(Homenaje a Olga Orozco)

© Concepto de colección y edición:
Marisa Russo

© Diseño de colección y cubierta:
William Velásquez Vásquez

© Fotografía de autor:
Jorge Camargo - info@jorgecamargoartphotos.com

1a ed: Premio Macedonio Fernández, Buenos Aires, Argentina, 2010
2da ed: Editorial Universidad Nacional de Colombia, Bogotá, Colombia, 2014
3ra ed: Qué diría Victor Hugo?, Español-Francés, Buenos Aires, Argentina, 2016
4ta ed: Kintsugi Editora, Español-Francés, Buenos Aires, Argentina, 2018.

Yezzed, Fredy
La sal de la locura/ Fredy Yezzed. 1a edi-- New York: Nueva York Poetry Press, 2018.
104p. 5.25 x 8 inches

1. Poesía colombiana. 2. Poesía sudamericana. 3. Literatura latinoamericana.

A Olga Barón y Carlos Eduardo López
por lo vivido y lo soñado

Mi agradecimiento a la poeta Marisa Russo
por trasplantar este libro en su Nueva York

PRÓLOGO O PALABRAS DESDE LA CORDURA

El 11 de mayo del 2005 ingresé a Urgencias del Hospital Neuropsiquiátrico J. T. Borda de Buenos Aires. El primer dictamen fue que sufría de una alteración nerviosa y un grado alto de delirio con fuerte propensión a la violencia. Echaba saliva por la boca, gritaba obscenidades y me golpeaba contra las paredes.

Bastará decir que pasé irrecuperables años en ese lugar, saltando de psiquiatra en psiquiatra, con fuertes medicaciones que me mantenían dopado todo el día y hasta periodos de total ensimismamiento amarrado a una camilla o arrojado en un rincón con una camisa de fuerza.

Si hay algo difícil en la locura es salir ileso de ella. En marzo del año antepasado ingresó una psicóloga a hacer sus prácticas, la Dra. Dalzotto. Ella fue la primera que me sugirió escribir los "monólogos blancos", como yo solía llamar a esas voces en mi mente. Me rehusé de forma tajante. Pasaron meses de terapia con ella, hasta que una vez me mostró un conjunto de hojas impresas tituladas "La sal de la locura". Las miré con temor. Me confesó que me había grabado durante nuestras cortas sesiones y que en sus horas de descanso transcribió lo que le parecía más coherente. Mi primera reacción fue de ira y decepción. Luego abandoné la terapia por petición personal.

Pasaron varias estaciones hasta que una mañana, en mi habitación, indescriptiblemente, me vi, me sentí, me recordé. Leí una y otra vez los textos. Avergonzado, solicité de nuevo la cooperación de la Sta. Dalzotto, quien asistía a un taller de escritura con un reconocido poeta. Fue a ella a quien dicté la segunda parte de este libro: de memoria, sin vacilar en una palabra, en un sentimiento. La selección de los textos que han sido suprimidos corrió por cuenta del poeta, a quien la Dra. Dalzotto pidió ayuda. Gracias al entusiasmo de él es que la Dra. Dalzotto ha impreso y enviado este legajo de poemas al Premio Macedonio Fernández.

Diré, finalmente, que si algo me ha ayudado a sobrevivir ha sido el acto humano y desesperado de salvarme; no la poesía, aunque el deseo de poner en orden los días y las cosas sea un acto poético.

Ahora, gracias al Servicio Social del hospital trabajo como mecánico de barcos, vivo en la Provincia de Tierra del Fuego y miro el mar tratando de escribir el sueño de un hombre normal.

Dedico a la Dra. Dalzotto este libro, que si tiene valor estético es por la ayuda de su mano, que si tiene valor espiritual es por la sal que extirpó de mi locura.

ARIEL MÜLLER
Agosto de 2010, Ushuaia, Argentina

Ariel Müller nació en Avellaneda, Provincia de Buenos Aires, en 1979. Es nieto de alemanes exiliados durante la Segunda Guerra Mundial y radicados en Misiones. Su padre es desaparecido de la última Dictadura Militar Argentina. Inició estudios de Medicina en la Universidad Nacional de La Plata, pero nunca se recibió. Vagó por Suramérica como ayudante de camión, contrabandista, mesero y conserje de hotel. Estuvo interno en el Hospital Neurosiquiátrico J. T. Borda de Buenos Aires desde 2005 hasta 2010.

ES CLARO QUE DIOS SE ESCAPÓ DE MI CRÁNEO. Que se fue dejando una estela de sangre. Una gotita que un gorrión pisa y esparce sobre el piso blanco.

Escuchaba yo una llanura de carneros, los oía arrancar con sus quijadas las raíces. Ese ruido cuando arrancamos la hierba, ese mismo ruidito cuando arrancamos una rosa como un cabello.

Tal vez quise decir que escuchaba voces. Un susurro inesperado al cruzar la calle. Volteo y miro alrededor y no hay nadie, pero alguien que no está me mira desde la esquina. Solo. Inquietante.

Fue el viento, me digo.
Fue sólo el viento, me repito.

EL ÚNICO RECUERDO QUE TENGO DE MI MADRE es el de aquellas mañanas de otoño cuando me llevaba de la mano a la escuela. Miraba la calle tapizada de hojas secas. Me abstraía pisándolas, quebrándoles los huesos de color pardo. Arrastrándose de un lado para otro como un vagabundo con los ojos en un sueño. Haciendo su ruido de semillas que se quiebran.

Yo sólo veo las hojas secas gritando bajo mis pies y las pantorrillas de ella un paso más adelante. El tacón negro de sus zapatos como clavando una espina en la pared. Unas medias veladas. Unos huesos tan extraños como el sabor del agua.

Hay un instante oscuro. Algo que se ha perdido como un mordisco en la mente. Ahora la veo alejarse desde el quicio de la escuela. La merienda en la lonchera. Esa sensación de ser vidrio y sentir que te abandonan.

Sólo veo su espalda alejarse.
Una mujer más bajo la lluvia de las hojas.

HE PINTADO EL AMOR CON MIERDA sobre las paredes de mi celda. He trazado algo que no conocía. Un barro amorfo de palabras. Una red de adivinanzas. La conjetura de la noche y el silencio.

He dicho sobre algo que no conocía. He mirado hacia algo que no diré.

He pintado con las vísceras mis propias almas. Lo que hay dentro de mí repugna y enferma. Destruye y miente. Grita una verdad como una hoja que se pudre. Dice del lamentable estado del hombre en mi jardín interior. Avisa de una manzana con gusanos que cae y rueda.

He pintado el amor con mierda sobre las paredes. Al mundo le parece repugnante, a mí una bella mañana que se salva.

SIEMPRE QUE ESTOY SOLO SE ME OCURRE UN PERSONAJE. Es la misma escena desde hace unos meses. En realidad no sé si la he leído en alguna parte o la he imaginado. Hasta ahora no entiendo por qué no cambian los detalles. Se me ocurre que hay un hombre viejo encerrado en un cuarto. A través de una puerta pequeña le pasan los platos con comida. Los traga moderadamente. Masca un muslo de pollo y le parecen bellos los cantos de los gorriones. Luego pasa a través de la misma puerta el plato desocupado.

El mismo anciano con su cabello blanco en desorden se sienta frente a un piano. Oprime las teclas como si de verdad supiese interpretar el instrumento. Cierra los ojos como despojado por la música. Ladea la cabeza de un lado a otro como si viajara en la balsa de las notas. Pero ocurre que dentro del piano las cuerdas están cortadas con tijeras. Del piano no sale ningún sonido. Es en ese instante que el hombre se voltea, me mira por primera vez y me dice: "¿Escucha el silencio?".

Es complejo, muy raro, porque yo escucho la más bella sinfonía.

HA NEVADO SOBRE LA CIUDAD REPENTINAMENTE.
Los coágulos de nieve se han colado por las tejas rotas y han calado en el corazón de cada interno. Todos han salido con una calma ancestral a ver esa magia de la luz petrificada. En sus rostros se trazó una sonrisa que recordó la comida fresca, el agua limpia, el aire puro. Como tocados por una voz celestial iban saliendo de sus habitaciones arrastrando la suela de los zapatos. Pronto atestaron los pasillos como detrás de un perfume e invadieron el patio mirando al cielo con la boca abierta. Extendían los brazos como dejando posar libélulas blancas en sus huesos. Jugaban a atrapar el algodón con la boca. Todo lo malo, si lo hubo, allí murió. Un copo se enredaba en el cabello de los ancianos, otro se deslizaba por el pecho de las mujeres, uno más huía como un ratoncillo entre los pies. Esa caricia suave. Esa herida tierna. Esa música que es más bella que el silencio.

Un regalo hermosísimo.
Dios al fin habla y dice.

HE HABLADO CON UNA MUJER QUE PARECE NORMAL en el jardín del hospital. Me ha narrado la siguiente historia con una tranquilidad agria: Estaba sentada en un banco de madera en el parque Lezama hace unos meses. Acababa de salir del trabajo. Estaba abrigada y pensaba en sus dos hijos en Lima. Dijo que los árboles del invierno eran el reflejo de su espíritu y que todo trascurría en calma. En los juegos de madera vio cómo un niño se cayó contra el pavimento y se abrió la cabeza. Ese grito, más allá del aire, dijo. Entonces corrió y alzó al pequeño y, abstraída, se lo llevó a su casa y lo curó. Pasó la tarde acariciándole el rostro. Sólo las paredes humildes que la rodeaban saben las cosas buenas que pensó junto al niño. Al anochecer golpearon a su puerta las autoridades y los padres del niño que lloraban de angustia. Dijo que se aferró a la criatura como a sus huesos. Hubo golpes, gritos, puertas clausuradas. El invierno que la metía a una celda.

VOY POR EL MUNDO CON UN AGUJERO DE BALA en el pecho. El aire me atraviesa de frío. Los niños juegan a asomarse de un lado y otro. Por allí, la única mujer se me fugó y la única orquídea que sembré no quiso echar raíces.

Voy con esa música de violín perforada. Con ese delirio de insomnio.

Voy caminando por las calles con un agujero de bala en el pecho. Represento muy bien mi papel de muerto. La gente no se asombra de verme malherido y distante. Los hombres meten su dedo índice comprobando que no es un engaño. Creen meter el dedo en un sueño. Y la pérdida es que despierto y la herida sigue sangrando.

Es un sueño que me sostiene de los hilos del mundo.

Es un agujero de bala donde me cabe todo el mundo.

LE HE DICHO A LOS PSIQUIATRAS que si he decidido hablar no es para reparar las cosas. Tampoco deseo que busquen el problema en el andamiaje peligroso de las teorías. Se los he explicado muchas veces, pero parecen no entenderlo. Y si no lo entienden es porque tal vez no existe el problema o sencillamente el problema no tiene solución.

Les parece imposible que yo no desee saber más de mí. Ese barco que se hunde dentro de mis costillas. Le temo a saber más. Más sería entender menos. Entre menos sepa de este mundo, mejor podré pasearme por el mío. Esa casa que se incendia conmigo adentro.

Dios, ¿qué estoy diciendo?

Yo sólo deseo ordenar las cosas aquí adentro.

Y marcharme algún día.

LE HABLO DEL AIRE. El aire es el que me sostiene. No importa que no esté escrito; por mi fe existe y en mi mente nace. El aire no es sólo el astro torcido de mirarla, la forma que adopta el agua en el cuerpo o esa manera de tragarnos los árboles de las calles.

El aire, señorita Dalzotto, es la mano que me levanta la quijada, es esa electricidad de verla, es esa vergüenza de tocarme para sentirla cerca.

Usted me recuerda que soy hombre.

Usted me recuerda que sigo vivo.

¿DEBE RETORNAR SIEMPRE LA LUZ DE MAYO? ¿Ese cielo metálico que en las horas de la tarde te confunde con la paz? Es extraño: estoy solo, olvidado y hecho mierda; y, aún así, siento ese gusano de la felicidad comiéndome la carne del rostro.

Frente a la ventana. Frente al parque. Frente a la luz.

LA NOCHE ESTÁ EN MÍ. La noche nace de mí. Caben en mí todas las noches de todos los hombres. Dentro de mí una noche con dos lunas. Y la noche de todos los que nacerán. Esa noche dentro de mi día. Esa noche blanca de mis recuerdos. Esa noche que es mi memoria. Esa noche que es un espejo. Y es una zozobra más larga. Una noche más vieja que el Sur. Más sabia que todo lo que existió. Dentro de mí la libertad y la noche, todas las posibilidades, todos los miedos, todos los cristales rotos, todos los silencios, todos los monólogos de los muertos. Una sola noche mía es toda la angustia de los hombres. Las mujeres van a lavar sus ropas a mi noche. Mis noches extienden con timidez sus manos.

Soy la noche. Nado en su piedra redonda. Voy caminando al sol.

SI HUBIESE TENIDO PADRE, le hubiese rogado que me llevase a conocer el mar. Pero, tal vez, sea él parte del mar. Pero, tal vez, haya volado en su último segundo al mar. La masa informe tiene la sal de su cuerpo. El mar abrió su boca larga para tragarlo y guardarlo en sus tripas. Esa ola infinita debe extender sus cabellos en otra memoria; sus ojos deben ver otras músicas. Mi madre me contó la historia con una voz delgada. Habló de unos vuelos siniestros. Soy un hijo más del desaparecido.

No tengo nada más qué decirle, doctora.

Creo que usted pierde el tiempo conmigo.

PUERTO ADENTRO HE HALLADO UNA FOBIA que me persigue azuzándome con el tenedor. Es en cualquier calle de Buenos Aires y siempre es de noche. Voy caminando y en medio de la oscuridad se atraviesa una enorme cucaracha. Una bestia del tamaño de mi mano. Se detiene y me enfrenta en medio de la vereda. De inmediato pienso en el dios sucio que la creó y lo odio. Casi siento la vellosidad de sus patas rozándome los párpados. Casi palpo a la desgraciada tratando de meterse por mi boca. Su miseria, se diría, encuentra en mi cuerpo un rincón confortable. Su esqueleto cavernoso como fabricado por hilos. Sus antenas como oliendo mis pensamientos. Pero ocurre que recuerdo una mañana en la que salía corriendo de la casa y por accidente he pisado un pájaro. El traquear de sus huesecillos. Ese sonido que se me enquistó en los huesos del alma. La enorme cucaracha en su silencio enjuiciador parece reclamar venganza. Temblando de asco me pregunto qué tiene que ver la palabra cielo con el terror que reclama este ser vidrioso. Hace ese ruido horrendo con sus alas imperfectas. Entonces siento que se me abalanza y como la mano que es me toma del cuello. Reclama algo que no tengo, que nunca tendré, que me rehúso a entregarle.

En medio de la vereda doy un paso atrás y abandono torpemente la disputa.

POR MIEDO A LA SOLEDAD se hacen las estupideces más atroces. El combate contra la desesperación es despiadado. Y es la soledad la que me obliga a hacer las muecas más horrendas ante los eruditos. No saben ellos que, cuando hablo, habla esa palabra desnuda que desconozco, esa misma que arranco de las encías con el cuchillo.

Aterrados llaman a Urgencias al ver mi boca regurgitando sangre. Les recalco, con calma y la mirada fija, que es mi forma de echar de la casa la ardorosa ausencia.

Los dientes saltan sobre el piso como una joya.

A este punto, no sé qué hacer con mi tragedia.

La muerte me piensa.

POR ACCIDENTE HE PASADO HOY la palma de mi mano por la cabeza. La he palpado minuciosamente ahogado en un silencio perplejo. Me he dado cuenta de que estaba rapado por completo. He deslizado con suavidad mi mano por la frente, la nariz, la quijada. Me mojaron la angustia y los nervios como la ola contra un acantilado: había olvidado cómo era mi rostro.

Caminé de un lugar a otro con desesperación. Me busqué en el reflejo de una ventana sucia, en el revés de una cuchara, en el brillo del marco de una puerta metálica. Pero no me pude ver. Indescriptiblemente me carcomió la tristeza. Lloré acurrucado en un rincón. No comprendí por qué no hay espejos en este lugar.

Digo palabras falsas con la cabeza clavada en mi pecho y mis dedos entrelazados en la nuca: adentro soy yo y mi propia imagen. Adentro está mi espejo. Pero mi espejo no tiene reflejo. Soy un hombre sin rostro.

HE VISTO EL MAR UNA SOLA VEZ en mi vida, y mi forma de recordarlo es tendiéndome boca arriba en el centro del patio del hospital. Mirar por horas el cuadro de cielo que la edificación me permite. Mi cielo es geométrico y brusco, pero es mi escalera al mar. Pienso allí acostado en el paño húmedo que es el recuerdo del mar para mi fiebre. En el agua intensamente fría en mis pies. Pienso, también, en ese ataque de libertad que fue nadar desnudo contra él. En la oportunidad que le di a Dios de tomar venganza. De vuelta sobre la arena, me di cuenta de que Dios tampoco me deseaba a su lado. En ese sentido la locura es el Purgatorio. Es un no aquí y un no allá. Una continua derrota. Un vuelo eterno. Una rama frágil.

Si pienso en el delirio no debo estar tan loco. Qué triste se debió sentir el mar: la única vez que lo busqué fue para quitarme de mi camino.

HAY UN HOMBRE EN EL JARDÍN al que he llamado *El perplejo de las lilas*. Desde la madrugada se arrastra con su bata blanca como una rata enferma. Camina por las orillas de las paredes con un afán asustadizo. Cuando lo interrumpen en su camino se exalta, se lleva las manos a la cabeza y gruñe de una forma maligna. Baja las escaleras apoyado como un niño parapléjico. Desde muy cerca se puede apreciar una insólita mueca de malestar que se va tornando, poco a poco, mientras se acerca a las lilas, en una risita mongólica.

Frente a las lilas lo invade la infección de la felicidad. Brinca y levanta los brazos de una manera grotesca. Luego cae extenuado como la tristeza del plomo. Acerca su nariz a cada uno de los racimos de lilas. Las aspira como llenando sus pulmones con milagros. Entonces la luz las roza con su lengua y, una a una, las lilas van abriendo sus párpados. En sus alucinaciones o en las mías vemos una especie de insecto que quiso ser hada abrirse o aletear. El hombre es sacudido a ramalazos una y otra vez por la belleza. Por el movimiento insólito de la tierra. Por las pruebas de existencia que Dios nos revela ante nuestro asombro.

Nadie sabe cómo se llama aquel hombre. Yo lo miro desde lejos y me digo: *El perplejo de las lilas*.

OTRA VEZ EXILIADO DE MÍ. En el centro exacto del abandono. Con la mirada abierta contra la pared blanca. Con el olor adentro de la hierba incinerada. Ebrio debajo de un puente mientras nieva. Ahogado con un puñado de polvo vivo. Viudo que se baja los pantalones a solas. Con todo el páramo en la garganta. Con todos los ruidos picoteando en la lengua. Con todo el granizo amontonándose en la memoria.

Las palabras, las palabras, las palabras.
Las palabras no me ayudan a no querer morir.

NUNCA ME HE IDO DEL SUR. De sus acontecimientos invisibles. Siempre he sido una migración al fondo de sí mismo. No moverme ha sido una travesía constante. Y morir muchas veces, seguidamente, ha sido una tarea simple.

Las muletas las llevo puestas por dentro. Las maletas siempre estuvieron descosidas. El salto más alto fue el de la ebriedad del tiempo. Y el sueño más importante no ser despedido de donde siempre.

Un trompo que gira al revés. Un destornillador obsoleto. Una veleta que señala el cielo.

Me quedo anclado en esto de ver la luz de los pájaros.

Así es este malestar del Sur.

LA SOLEDAD AQUÍ SOLO REMITE A UNA PENA: la idea de haber nacido en ninguna parte y de caminar a ningún lugar. En las tardes decenas de inciertos caminan por horas alrededor de la fuente. Sin saberlo, siempre en contra de las manecillas del reloj: siempre sin saberlo con el deseo de desdoblar el tiempo. Los miro amarrado a una columna. Me arrastra ese remolino humano. Ese ojo miope de Dios. Van todos detrás de un recuerdo grato: el chillido de las gaviotas junto al mar, el trabajo humilde de los hombres en el puerto, ese gorrión que salvaron de la muerte. La fuente como un huracán va convocando la vida invisible. La fuente va tejiendo ese instante en que la ternura se volvió desgracia.

La fuente como un canto de sirena me arrastra y yo quiero saberlo todo.

UN GRITO ME HA DESPERTADO en medio de la noche. Un grito dentro de mi grito. Una noche dentro de mi noche. La enorme sala en la que dormimos se parece al vientre desolado de una ballena. Las sombras de las rejas. Los hierros fríos de las camas. El olor de la orina. Las criaturas revolcándose en la sangre de sus pesadillas. En medio de la tempestad: las bisagras oxidadas crujiendo y el aletear de alguna paloma en el techo. Otra vez el animal incesante del insomnio, ese gotear perpetuo, esa irrespirable esperanza de fingirse sordo. El tallo con espinas de la noche me golpea la espalda.

Duérmete, Ariel, duérmete, o si no vendrá Nadie y te lastimará.

HAY UN TERRIBLE ABISMO ENTRE PALABRA Y PALABRA, cuyo fondo es lo que no puedo nombrar. Ellas mienten como las sirvientas que ocultan el vaso quebrado del día. Ellas ocultan por ese miedo a desnudarse, a mostrarse en público con el rostro que no tienen. Las palabras trafican con el desencanto, me alejan del jardín exacto, de lo que aún no ha naufragado. Las palabras me vendan los ojos, me tientan a caminar en la oscuridad, me empujan por las escaleras. Creemos en ellas porque sólo entendemos el pequeño ensueño que arrojan de sus puños. Caen como un polvo en la noche. Suenan como un cuerpo desnudo contra el piso. La impotencia de inventar una palabra que me nombre. La felicidad está en lo que nunca dirán. Las palabras: sogas hechas a la medida de nadie, cordones que no alcanzan a atar, agua que no sacia. Ni la tortura ni la espera paciente ni el *caso omiso* las conmueve. Quisiera saber toda la sangre que corre por la palabra *alma*. Quisiera, por un instante, asomar la punta de la nariz al jardín de la palabra *noche*. Quisiera por un milagro y, entonces, decir de este *dolor* la verdad.

OBLIGUÉ A MI MENTE TODA LA VIDA a pensar que aquello era un sueño. Dormí con mi madre hasta los siete años. Solía bañarse, beber una taza de leche caliente y acostarse a dormir.

Una noche desperté en las horas de la madrugada y la hallé destapada y semidesnuda. Sentí una sal extraña que combatía en mi boca. El movimiento de mi pecho. La respiración agitada que temí. Miraba en el claroscuro su seno dormido, su cadera abierta delicadamente al mundo. Desconocía la suciedad del cuerpo, y allí, luminoso y grave, comprendí el olor de la noche. Deslicé la mano sobre su vientre y acerqué mi nariz a su abrazo. La palabra madre tuvo otro significado. El sexo de mi madre olía a azucenas vivas. Esa vellosidad espesa que crece con el día y el trabajo. Mis ojos iban de su ombligo a su rostro leve y ausente. El calor de su cuerpo me acompañaba. En el sueño la mujer soñaba que la soñaban.

En medio de la espesura giró asustada, se alejó de mi lado y acercó la lámpara. Yo cerré los ojos y escondí mi pena. Su silencio amordazó las sombras. Luego confundida bebió agua y apagó la luz.

DESDE LA MAÑANA LLUVIOSA cuando internaron al buen Joseph, otro hombre empezó a caminar bajo sus uñas. Un hombre al que la falta de libertad le malformó el rostro. Un hombre que duerme con una mano metida dentro de la boca y la otra en el sexo. Un hombre que se abraza el vientre como si tuviera un frío ancestral. Un hombre al que se le paran las moscas sobre el cráneo para hablarle de ángeles. Un hombre que no se cansa de tener la mirada como en un recuerdo doloroso. Un hombre al que no le avergüenza estar desnudo en cuclillas con el mentón apoyado sobre el marco de la ventana. Un hombre de piernas famélicas y voz de pajarito.

El buen Joseph no sabe que su enemigo lo tomó por dentro.

El buen Joseph no sufre. Ha olvidado el lugar de donde vino.

AQUÍ LA FLOR AZUL NO EXISTE. Y las cercas y los altos muros no son más que el peldaño final a la demencia. Derribar estos muros sería exterminar las bases del hombre, sería volver a comenzar, sería venir de la Nada.

Esa vieja trama de separar la maleza de la orquídea.
Ese maleficio de dividir la rosa por su fuego.

La famosa locura. Esta fábrica de alienados *soy yo*.

LA VIRGEN DEL RINCÓN es la mujer más hermosa bajo estas mariposas negras. Ella ya estaba en su metro cuadrado de eternidad cuando llegué a este cementerio viviente. Me dijeron que el día de su matrimonio quedó viuda; tal vez de allí su quietud, como mirando la luz de Dios, como sosteniendo un ramo de flores blancas.

La virgen del rincón, como me burlo, es el único caso válido en esta monotonía. Con su cuerpo en pie de día y de noche habla *de una historia de amor sin amor*. Sus mejillas blancas dicen del deseo que tuvo de colisionar bajo la piel de él. Su vestido gris canta la suciedad de morir limpia.

A *La virgen del rincón* le están creciendo alas y es toda verde por dentro. En su pecho se arremolinan las polillas que no hacen otra cosa que consolarla. Quien la ve de cerca puede sentir el aleteo del ave que se levanta. Me canso de ver el lago estático que es todo el tiempo y caigo en el sueño.

Es pura como la noche.

Quien la viera en el primer instante de la mañana diría que en *La virgen del rincón* nace la aurora.

BAJO ESTE CIELO DURO fue donde descubrí lentamente mi crimen. Una mañana me di cuenta de lo que destruye este castillo de sal. Primero lo balbuceé con miedo, luego lo escribí sobre mi antebrazo con una cuchilla de afeitar: "Si muere el tiempo, muere la muerte; y muere Dios". Y empecé a pensar que en mi labor de sonámbulo ya no me importaba llegar en punto a ningún lugar: todos los trenes partieron sin mí, todas las personas perdieron la esperanza en mí, el mundo no espera nada de mí. Sin el goteo del tiempo, la muerte es una substancia inofensiva, un músculo encalambrado, y el mañana una madera inservible, un puñado de agua a la cara de Nadie. Es en ese sentido en que Dios será una frase sin terminar, un cielo a medias, un pensamiento sin agua. Un dios de la cintura para abajo, sin lengua, sin la facultad de infundirnos miedo. Un monstruo.

Voy a ninguna parte, donde no me espera nadie, donde seré premiado con nada.

Sin darme cuenta he matado un dios. Pido perdón. Me entrego limpio a la Nada.

¿TE HA PASADO ALGUNA VEZ QUE ESTÁS SOLO en alguna banca del parque y de repente ves sobre la palma de tu mano una hormiga que camina? Deprisa, de un lado para otro, entre las estrías, oculta en el cuenco. La observas como diciéndole: "Por allí no, tonta". El animal se detiene en la mitad del mapa, mueve sus antenitas y prueba el sabor de la sal de tus dedos. Pero resulta también que de sus diminutas cosquillas sale una música que te taladra por allá adentro el hombre insignificante que eres. Canción de psicosis. Una tecla de máquina larga y monótona, siempre la misma, y de fondo el millar de patas de la hormiga tocando ese nervio como una aguja. "Perdida, estás perdida", le susurras, y le soplas indicándole el camino. Pero ella insiste en acompañarte, en su grandísima existencia te habla del cascabel de las hojas, de la larga travesía al fruto de un álamo; de aquella vez en la que casi muere ahogada en una gota de agua. Se mueve de un lado a otro en el laberinto de tu mano, sutilmente te enseña los recuerdos que se te han dibujado sobre ella. Entonces le confiesas que esa arruga profunda te la inventó una mujer en la que confiaste, que el millar de avenidas que se cruzan desde tus uñas a las falanges son esta ciudad de cosas invisibles, que aquella cicatriz es el recuerdo de las estaciones. La hormiga traza en su hilo invisible el rostro de alguien conocido, de alguien al que crees recordar pero no recuerdas; tienes su nombre en la punta de la lengua y aún así es difuso. Nunca te enteras de que era tu rostro. Pasa imperceptible todo, sólo queda grabado en el agua clara de tus pensamientos esa mañana fría. Te llevas eso y mucho más a los túneles. Vas por los pasillos. A la hormiga le has dado una segunda oportunidad sobre la corteza de un tronco. En el fondo también deseas una segunda oportunidad.

¿Te ha pasado alguna vez que para enfrentar este vacío comienzas a hablar con una hormiga en la mitad de la nada?

¿DÓNDE ESTÁS, MUÑECA DE TRAPO? ¿Dónde estás, amor ex-mío? Tengo los huesos húmedos de esperarte. Y la noche cansa como cansa el buen amor.

El barniz de este día. El mercurio que me cubre.

Aquí la luz grita, se la pasa suicidándose a cada instante.

¿QUIÉN ASEGURA QUE LA LOCURA NO ES UN INTENTO más de salir de la casa hundida? ¿Algo que está entre el hombre y el ser humano? Una ventana dentro de nuestra ventana. Algo que huye de nuestra costumbre de llamar el fuego, de humillar un árbol, de defecar sobre un ramo de niños.

¿Quién asegura que la locura no es ese deseo de acariciar los caballos, de abonar las plantas, de sentir correr agua limpia dentro del jarrón del alma? Quién negaría que la locura no es esa catástrofe tectónica del rozarse de dos células como dos rosas a las cuales les lleva tiempo acostumbrarse al olor del otoño, que deben dar el atlántico salto de una millonésima de milímetro más, que tienen en su sangre toda la responsabilidad de salvarnos. Y aún más: *que no desean salvarse si no nos salvamos todos.*

¿Acaso no se han dado cuenta? Los dioses no existen, pero estamos juntos. Somos dios, la noche, la esperanza.

FUE EN EL PISO No. 13 durante un amanecer del invierno. El sol venía remando por el río con su leche opaca. Fue en un balcón sin flores de la calle Jean Jaurès. Salí desnudo a estrellarme contra las agujas del frío. Salí desnudo de mí mismo y de los otros. Temblando cerré los ojos y extendí los brazos para beberme con el pecho toda la intemperie de esta ciudad. A esa hora en que todos los ruidos que nacen se tornan silencio. A esa hora en que uno es tonto y se dice que extrañará esta ciudad.

La tristeza, mujer, la tristeza, la tristeza. Esa bacteria que cala en el alma. Esas aguas espesas de agosto.

Pero la soledad de las azoteas envió cartas de ánimo a la libélula encerrada del corazón. La extraña música del silencio perforó la carne. Y alguien o algo tocó a esa casa vacía que es el alma.

Observaba la ciudad mientras caían hojitas de mis huesos.

—Ese balcón del piso 13 de la calle Jean Jaurès.

LOS LABIOS MUERTOS DE UNA MUJER JOVEN me visitan en la noche y me tranquilizan. Se anuncia con una luz gorda que no cabe en mi pecho. Camina con un libro en la mano y se sienta junto a la cama y lee. Lee en una lengua extraña que entiendo y me divierte. Son cuentos infantiles sobre cabritos, sobre cerdos, sobre árboles que hablan. Su voz parece que naciera de mi voz. Susurra. Me manda a callar y a dormir. En el fondo del vaso de agua que es la infancia sé que es mi madre, pero no la llamo madre y ella no me llama hijo. Somos dos desconocidos que se quieren y se abrazan para estar menos solos. Debajo de la almohada escondo piedras. Antes de caer vencido por Nadie, deslizo la mano y le entrego una piedra. "Te enamoran las piedras", me dice. Y yo sonrío en el fondo de una con manchas marrones.

En la noche me visitan los muertos hermosos. Los colecciono como a las piedras que noche tras noche van desapareciendo.

ESE ANIMAL NOSTÁLGICO QUE ES EL OLVIDO. Como una niebla, como una espuma sólida, como un diente caído. Algo se me fuga de la piel, quizás la piel. Dejé mucha piel en las cosas que no nombraba, que no tenían nombre, que no encontré. Todas las noches olvido una palabra y con ella una piel. Perder una palabra es cercenarse desde adentro. Hay un bisturí en la memoria. Adentro se va quedando vacío, sin rostros, sin ese viaje azul a la Patagonia, sin la sombra de esa voz. Relojes, flores, anillos van perdiendo su forma. De un momento a otro las cosas dejan su niebla en el sueño. El anillo es entonces una rueda oxidada abandonada en un potrero. La flor un sexo. Los relojes un puñal. Me duele perder una palabra como perder un dedo. Queda una mancha negra en el alma. Un eco. Una grieta en el cristal del pensamiento. Cada mañana despierto más desamparado, más peligroso, más sin piel.

AQUÍ EL SILENCIO ES UN ENEMIGO IMPLACABLE. Es una mirada que te pone nervioso. Es una espina que no se decide a tocarte. Eres tú sin rostro y sin nombre. El silencio es todo aquello que se dice atropelladamente. Es la colisión de las heridas que fuiste con las palabras que eres. Es el silencio frío de las cosas fornicando con el silencio punzante de lo que muere. El silencio como una pared húmeda. El silencio como el que viste un muerto. Hay silencio adentro. Hay silencio afuera. Y entre los dos silencios se inventa la punta de una navaja. Una gasa podrida. Un gato con sarna. Alguien que te echa de la casa sin amenazas. Algo que te arroja de la cama con lentitud. Sola, entre los huesos del silencio, la palabra que me nombra, me destruye.

El silencio, tan letal como el filo del ala de una mariposa.

EL ÚNICO QUE ME SALVABA DE LA NÁUSEA era *El cíclope vegetariano*, como él mismo se hacía llamar. Un gigante con cara de niño que se la pasaba todo el día leyendo filosofía y tragando hojas de repollo o mordiendo una zanahoria o dando vueltas a una semilla de palta en su enorme boca.

En las tardes, cuando sentía que la ventana de la noche se cerraba, me acercaba a él. Entonces *El cíclope vegetariano*, sin voltear a mirarme, comenzaba a leer en voz alta. Las palabras "caos", "sujeto", "dialéctica" sonaban luminosas en esa voz de cien hombres ahogándose. Pero resulta que en medio de la lectura comenzaba a llorar por su único ojo unas lágrimas tan grandes como un poema al dolor.

Fue en una de esas tardes cuando le pregunté qué era toda esa masa de cosas que leía. Dijo que la filosofía era una hermosa novela de amor inconclusa. Yo reía mientras él suspiraba en su cueva solitaria. Dijo algo con la palabra "fragmentación" que no entendí y mascó una cebolla redonda.

Cómo perdió su ojo *El cíclope vegetariano* siempre fue un misterio. Lo recuerdo en su banco de madera con los pies descalzos. El día en que partí del hospital definitivamente le dije que estaba bien. Sonrió y dijo casi susurrando: "Nadie que exista está bien", y siguió leyendo. Esperé a que me dijera algo sobre el Tiempo, pero nada ocurrió. Me voy, dije, para siempre. Llévate unas hojas de lechuga para el camino, respondió.

Epílogo

LA CALIGRAFÍA DEL DELIRIO

La caligrafía de la locura tiene forma de arañazos en la pared, rasponazos de lenguas oxidadas y clavos torcidos, historias concentradas en el filo de un vidrio. Así hay que deletrear el libro de Fredy Yezzed, como si pasáramos los ojos por un tajo que a ratos se niega y a ratos se da en forma de diario personal, poema en prosa, minificción, mero apunte y testimonio crudo de un monólogo interior abismado en ese vacío que cavamos entre todos.

Entre el pasaje narrativo, el tono epistolar y la charla susurrada, La sal de la locura arroja aquí y allá paisajes del dolor "Esa casa se incendia conmigo adentro", trazos desesperados "He pintado el amor con mierda sobre las paredes de mi celda", imágenes inquietantes "Las criaturas revolcándose en la sangre de sus pesadillas", pero también pasajes apacibles "Las mujeres van a lavar sus ropas a mi noche", relámpagos de un universo sin salida "La muerte me piensa".

El heterónimo de Yezzed –Ariel Müller –recuerda –y al hacerlo rinde homenaje– a poetas que en el camino de la demencia atravesaron una puerta, un vislumbre, una sospecha convertida en destino, en sentido, en pasión. Desde ya Jacobo Fijman y sus disquisiciones religiosas "Sin darme cuenta he matado a Dios", dice Yezzed-Müller, por supuesto Raúl Gómez Jattin, quien trataba a la muerte de "hermana" y decía caminar por "los arrabales de una locura brava"; desde ya Alfonso Cortés, que encadenado en la casa que fuera de Rubén Darío inició el camino del delirio a partir de una pregunta metafísica: "Tiempo, dónde estamos/ tú y yo, yo que vivo en ti y/ tú que no existes?"; y siempre Artaud, el hombre que al decir de su amigo Cardoza y Aragón, vivía "como una cuchillada".

Entre el grotesco, la truculencia, lo degradante en un escenario espectral, circula esa sal corrosiva que se expande en los no lugares de la demencia. De ahí el clamor de urgencia, los ojos encandilados por el desamparo, la cortedad del lenguaje "Las palabras me vendan los ojos", las cavilaciones anudadas a un ejercicio de gestos que amenazan salirse de la cara. De ahí los jadeos del "internado" que se asfixia enfrascado en una camisa de fuerza confeccionada con partes del tejido social (en uno de los resquicios del libro, asoma la figura del "desaparecido", víctima de la dictadura argentina de los años 70).

Película en blanco y negro, lirismo amordazado, desfile de letras amputadas, la suma de delirios que componen La sal de la locura dan la urdimbre de una metafísica singular, una respiración oprimida y una expresión visceral. Entre el desgarro y la belleza, el libro es un indicador de las exploraciones creativas que Yezzed pone en marcha desde su primer libro.

La intensidad de La sal de la locura, no da tregua.

JORGE BOCCANERA,
Buenos Aires, agosto de 2015

ACERCA DEL AUTOR

Fredy Yezzed. Bogotá, Colombia, 1979. Poeta, escritor y defensor de Derechos Humanos. Después de un viaje de seis meses por Suramérica, se radicó en Buenos Aires, Argentina.

Por su tercer libro de poesía, **Carta de las mujeres de este país**, recibió la Mención de Poesía en el Premio Literario Casa de las Américas 2017, La Habana, Cuba.

Tiene publicado: **La sal de la locura**, (Premio Nacional de Poesía Macedonio Fernández, Buenos Aires, 2010; 5ta ed. Nueva York Poetry Press, Nueva York, 2018) y **El diario inédito del filósofo vienés Ludwig Wittgenstein** (Ediciones Del Dock, Bs. As., 2012; 3ra ed. Fundarte, Caracas, 2016).

Como investigador literario escribió los estudios **Párrafos de aire: Primera antología del poema en prosa colombiano** (Editorial de la Universidad de Antioquia, Medellín, 2010) y **La risa del ahorcado: antología poética de Henry Luque Muñoz** (Editorial Universidad Javeriana, Bogotá, 2015).

Es licenciado en Lenguas Modernas de la Universidad de La Salle y profesional en Estudios Literarios de la Pontificia Universidad Javeriana.

Ha obtenido además los siguientes reconocimientos: XII Premio Nacional Universitario de Cuento, Universidad Externado de Colombia, 2001; Premio Nacional de Cuento Ciudad de Bogotá, 2003; Premio Nacional Poesía Capital, Casa de Poesía Silva, 2005, y XXVII Concurso Nacional

Metropolitano de Cuento, Universidad Metropolitana de Barranquilla, 2006.

Su poesía integra las siguientes antologías: **Antología de Poesía colombiana del siglo XXI, Edición bilingüe español-francés**. Prólogo y traducción Myriam Montoya, L'Oreille du Loup, París, 2017. **Ninguna parte: Una generación nueva de poetas en Colombia** (1979-1985), Estudio introductorio y selección de Felipe García Quintero. Catafixia Editorial, Ciudad de Guatemala, 2014. **La Plata Spoon River**. Prólogo y selección de Julián Axat. Libros de la talita dorada, City Bell, 2014. **Colombia bajo palabra: Antología poética de los 70 y 80**. Selección Iván Trejo, Fundación Editorial El perro y la rana, Caracas, 2013. **Desde El Umbral II: Poesía Colombiana en Transición**. Prólogo y selección Jorge Eliécer Ordóñez Muñoz. Universidad Pedagógica Nacional, Tunja, 2009. **El amplio jardín: Antología de poesía joven de Colombia y Uruguay**, Montevideo, 2005.

Sus cuentos integran las siguientes antologías: **Segunda antología del cuento corto colombiano**. Prólogo y selección Guillermo Bustamante Zamudio y Harold Kremer, Universidad Pedagógica Nacional, Bogotá, 2007. **Antología del concurso de cuento 1970- 2002**. Universidad Externado de Colombia, Bogotá, 2003. **De 1 a diez**. Instituto Distrital de Cultura y Turismo, Bogotá, 2003.

Actualmente es profesor de Escritura Creativa en **La otra figura del agua: clínicas y talleres literarios**.

ÍNDICE

Colección
PIEDRA DE LA LOCURA
Antologías Personales
(Homenaje a Alejandra Pizarnik)

Colección
SOBREVIVO
(Homenaje a Claribel Alegría)

1
#@nicaragüita
María Palitachi

◆◆◆

Colección
PARED CONTIGUA
(Homenaje a María Victoria Atencia)

1
La orilla libre
Pedro Larrea

2
Pan negro
Antonio Agudelo

Para los que piensan, como Marguerite Yourcenar, que el amor y la locura son los motores que hacen andar la vida, este libro se terminó de imprimir en julio de 2018 en los Estados Unidos de América.